Silvia Pitria & Raúl Mendoza

APULEYO EDICIONES   FOMENTO DE VALORES   CUENTOS ILUSTRADOS

BROCOLITO

APULEYO EDICIONES   FOMENTO DE VALORES   CUENTOS ILUSTRADOS

Hola, soy Brocolito,
y de lo que como te contaré un poquito.

Tenedor, trona y babero,
ensuciarme no quiero.

De día, amiga mía,
solo quiero mandarina,
¡qué fruta más divina!

Por la tarde te diré,
con una pera, un tentempié.

Si de pronto estoy enfadado,
corre y dame calabacín asado.

Si en cambio estoy contento,
probar de todo intento.

Me verás en bici o en patinete,
rápido como un cohete.
Cuando paro a repostar,
bebo limonada sin parar.

También me verás jugando,
pero siempre cocinando y degustando.

Pan de espelta, pan de centeno,
primero un bañito y luego ceno.

Con la barriga bien llenita,
me abrazo a la mantita.
Es momento de soñar
con un gazpacho angelical.

© Silvia Pibia y Raúl Mendoza Campos (de la obra)

©Apuleyo Ediciones (de esta edición)

Primera edición en Apuleyo Ediciones: octubre 2024

Diseño de cubierta: Ernesto Pérez Martínez

Corrección: Aitor Andreu Guerrero

Maquetación: Alejandro Bermejo Cercas

Ilustraciones: Raúl Mendoza Campos

Coordinación editorial: Isidoro Cidre González

info@apuleyoediciones.com

www.apuleyoediciones.com

ISBN: 978-84-1060-309-7

Depósito legal: H 332-2024

Hecho e impreso en España.

BROCOLITO

APULEYO EDICIONES   FOMENTO DE VALORES   CUENTOS ILUSTRADOS

Silvia Pitia & Raúl Mendoza

APULEYO EDICIONES   FOMENTO DE VALORES   CUENTOS ILUSTRADOS